BULGARIAN ALPHABET

HANDWRITTEN LETTERS

БЪЛГАРСКА АЗБУКА
РЪКОПИСНИТЕ БУКВИ
С КАРТИНКИ

OTTER Art

А а

автобус

Б б

банани

вилица

В в

Гг

гъсеница

Д д

диня

елен

E e

Ж ж

жаба

З з

злато

И и
Й й

игла

K k

колело

лимонада

Л л

М м

малинка

ножица

Н н

O o

охлюв

пчела

П п

рак

Р р

самолет

С с

ТЕЛЕСКОП

Т т

У у

УРАГАН

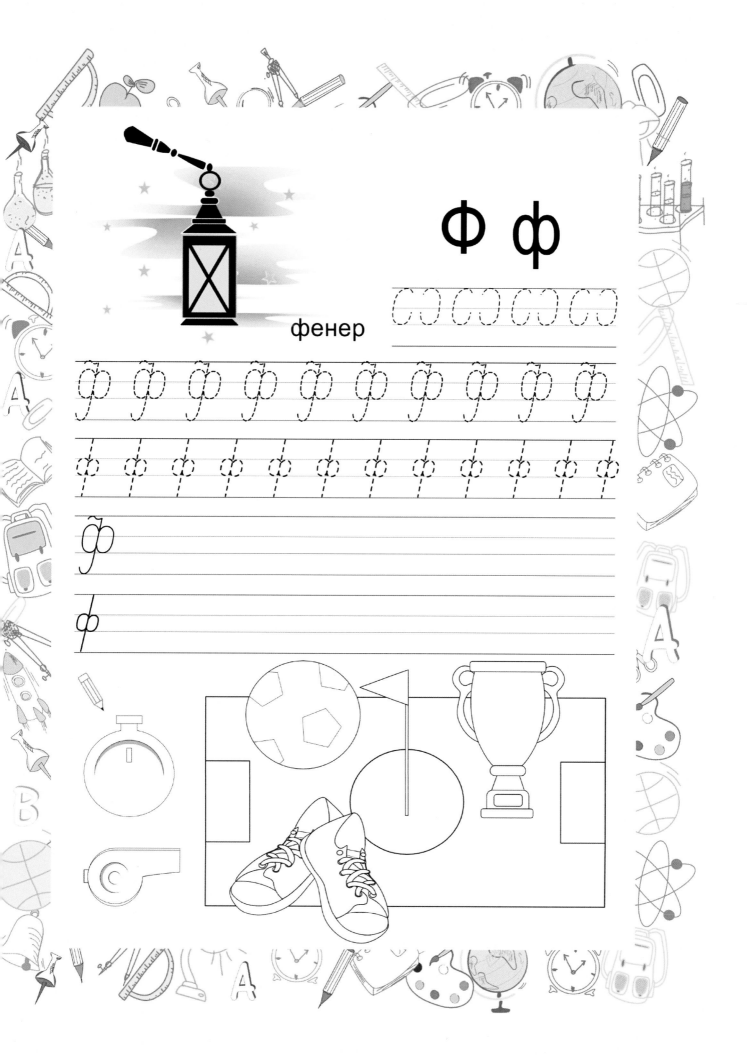

Ф ф

фенер

хеликоптер

Х х

Ц ц

цигулка

Ч ч

часовник

шапка

Ш ш

9 разлики?

Щ щ

щайга

Ъ ъ Ь ь

ъгломер

ъ

ъ

Ю ю

ютия

ЈЈЈЈЈЈЈ

Ю Ю Ю Ю Ю Ю Ю Ю Ю

ю ю ю ю ю ю ю ю ю ю ю ю

Ю

ю

Я я

ягода

Я Я Я Я

я я я я я я я я я я я я я

я я я я я я я я я я я я я я

Я

я

Типография , графичен дизайн на буквите или най просто

казано шрифтове. Буквите могат да се изписват по най различен

 и интересен начин. Шрифтовете носят свой характер и въздействие,

и за това се използват в различни сфери.

 Шрифтове изполвани при модните списания е различен от

шрифтовете използвани при отпечатване на вестници.

 Шрифтове на букви за детски книжки е различен от

шрифтове за опаковки на храни.

Това е изкуство, с което можеш да се забавляваш.

 Тук са представени традиционните ръкописни букви на

българската азбука, както и различни техни шрифтове.

А можеш да си измислиш и свои.

Разгърни въображението си.

Made in the USA
Coppell, TX
10 September 2022

82945905R00021